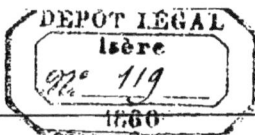

FAUT-IL CODIFIER

LES

LOIS ADMINISTRATIVES.

EXAMEN DE CETTE QUESTION

PAR

M. JULES MALLEIN,

Professeur de droit administratif à la Faculté de Grenoble, ancien Bâtonnier
de l'ordre des avocats, Chevalier de la Légion d'honneur.

Prix 1 fr. 50

GRENOBLE,

MAISONVILLE ET FILS ET JOURDAN,
LIBRAIRES-ÉDITEURS,
Rue du Quai, 8.

PARIS,

AUGUSTE DURAND,
LIBRAIRE,
Rue des Grès-Sorbonne, 7.

1860.

F

FAUT-IL CODIFIER

LES

LOIS ADMINISTRATIVES.

EXAMEN DE CETTE QUESTION

PAR

M. JULES MALLEIN,

Professeur de droit administratif à la Faculté de Grenoble, ancien Bâtonnier
de l'ordre des avocats, Chevalier de la Légion d'honneur.

GRENOBLE,

MAISONVILLE ET FILS ET JOURDAN,

LIBRAIRES-ÉDITEURS,

Rue du Quai, 8.

PARIS,

AUGUSTE DURAND,

LIBRAIRE,

Rue des Grès-Sorbonne, 7.

1860.

618

GRENOBLE. — MAISONVILLE ET FILS,
impr.-libr., rue du Quai, 8.

FAUT-IL CODIFIER

LES

LOIS ADMINISTRATIVES.

Pendant la session ordinaire des conseils généraux, ouverte en 1859, celui du département de la Dordogne a exprimé le vœu suivant :

« Que la législation relative aux affaires administratives « soit complétée et *codifiée*, de la même manière que la lé- « gislation relative aux affaires civiles ; de façon que le jus- « ticiable ne soit pas obligé de rechercher péniblement son « droit dans des textes épars ; que la procédure à suivre et « la juridiction à laquelle il doit s'adresser, soient clairement « définies et déterminées (1). »

Cette pensée n'est pas nouvelle ; mais, dans la circons-tance où elle s'est reproduite, elle a pris comme opinion une

(1) Séance du 27 août.

forme officielle, et a revêtu comme projet une autorité qu'elle n'avait pas eue jusqu'alors.

Les conseils généraux tiennent effectivement de la loi la faculté d'émettre des vœux. Dès lors, les lignes que je viens de transcrire ne peuvent être considérées comme une de ces idées, si souvent éphémères, qui naissent à chaque instant parmi les conseillers officieux du pouvoir. C'est une provocation légale, au gouvernement d'étudier, et, plus tard, à la puissance législative d'ordonner. C'est le point de départ d'une instruction, à laquelle une issue défavorable peut être réservée, mais qui ne saurait traiter dédaigneusement l'initiative sur laquelle elle se sera ouverte (1).

Dans un volume publié il y a trois ans (2), j'ai discuté accidentellement, pour la résoudre dans un sens opposé au désir du conseil général de la Dordogne, la question qu'il a soulevée depuis. Mais elle ne se rattachait que très-accessoirement au sujet que je traitais alors, et je ne lui ai pas accordé le temps et le degré d'attention qu'un intérêt d'actualité commande maintenant. Des observations dont je dois tenir compte ont, d'ailleurs, été faites sur ce que j'avais écrit; elles m'ont conduit à approfondir, et, si j'ai trouvé dans ce nouveau travail des raisons qui ont fortifié mon opinion, il m'a fait reconnaître aussi qu'elle était trop absolue sur deux points.

---

(1) « Les conseils généraux sont des corps assez considérables pour que « le pouvoir soit tenu de compter avec eux. » — Trolley : *Traité de la hiérarchie administrative*. Tom. III, page 502. — Circulaire du 16 ventôse an IX.

(2) *Considérations sur l'enseignement du droit administratif*. — Paris, 1857 (Henri Plon). — Quelques passages de ce volume ont été intercalés dans la dissertation actuelle. J'ai trouvé inutile de leur donner une autre forme d'expression, lorsque celle que j'avais employée m'a paru rendre exactement et clairement mes idées.

Quand on demande à l'administration publique d'étudier un projet, donner un avis est le droit de tout le monde, et presque le devoir de ceux que leur position particulière a mis en mesure d'acquérir un peu d'expérience dans la matière.

C'est à ce dernier titre que je vais de nouveau, en le développant davantage, dire mon sentiment sur ce grave sujet.

Il ne suffit pas que l'absence d'un Code administratif soit regrettable, pour qu'on doive la considérer comme une lacune dans la législation ; il faut encore qu'il y ait possibilité de combler cette lacune, et c'est ce que je ne puis admettre.

Entendons-nous, cependant, sur ce que j'appelle ici *possibilité*.

Sans doute une commission instituée parviendrait à séparer, dans les textes innombrables qui ont régi l'administration en France depuis soixante et dix ans, ceux qui sont encore en vigueur, de ceux qui ont été expressément ou tacitement abrogés ; elle coordonnerait logiquement les premiers ; elle les compléterait ; elle pourvoirait aux exigences signalées par des faits et des besoins nouveaux ; et ce travail, discuté, corrigé et perfectionné, dans le sein du conseil d'Etat, aboutirait à un projet de Code que le gouvernement pourrait présenter au corps législatif. Tout cela demanderait de vastes connaissances dans le droit commun, dans le droit politique, dans le droit administratif et dans la pratique de l'administration ; il faudrait beaucoup de constance et de temps ; mais le temps n'est pas une considération qui doive empêcher un tel monument législatif de s'élever, et les lumières comme le dévouement abondent dans la sphère où le projet serait préparé.

Aussi n'est-ce pas là que je rencontre *l'impossibilité*.

Je la vois dans l'inutilité du résultat.

Combien d'années, en effet, le Code administratif conserverait-il sa puissance, sans avoir besoin d'être remanié en très-grande partie ?

La nature des textes qu'il aurait réunis, et, plus encore, une suite de faits accomplis révélant l'avenir par le passé, ne tarderont pas à répondre, en prouvant que cette loi administrative générale, après avoir mis à l'œuvre de hautes intelligences et commandé des travaux patients, difficiles et prolongés, se trouverait étroitement bornée quant à la permanence de son autorité. Sans cesse ébréché, ce vase de science n'offrirait bientôt que des débris.

Or, si telle est l'infaillible destinée de l'œuvre qu'il s'agit d'entreprendre, n'est-on pas fondé à dire que cette œuvre est *impossible* ? Elle ne l'est pas dans un sens absolu, je viens d'en convenir, mais elle l'est dans un sens relatif, car le pouvoir qui a l'initiative des lois ne saurait accepter la responsabilité de celle-ci.

Cette observation étant faite, raisonnons.

Toutes les lois n'ont pas le même caractère.

Les unes, pourvoyant à des besoins sociaux qui sont à peu près semblables partout, et n'étant qu'à de longs intervalles soumises à des corrections partielles, peuvent être codifiées, non-seulement sans inconvénient, mais encore au grand avantage de la chose publique et des intérêts particuliers. Telles sont les lois civiles de l'ordre privé ; telles sont les lois de l'ordre criminel.

Les autres, correspondant à des situations plus mobiles, dont elles ne suivent les différentes phases qu'au moyen de l'intervention fréquente du pouvoir législatif, qui les abroge, les amende ou les complète, suivant les circonstances du moment, ne doivent pas être l'objet d'un travail de ce genre. Telles sont les lois de l'ordre politique ; telles sont les lois de l'ordre administratif.

Quoi qu'il puisse arriver, une vente exigera toujours trois conditions : le consentement, la chose et le prix ; et les règles du contrat devront être partout des garanties d'accomplissement pour chacune de ces conditions.

Il y a, dans le droit privé, une foule de sujets qui offrent, au même degré, cette nature fixe.

Il y en a d'autres, cependant, qui ne sont pas aussi absolus quant à la stabilité des textes qui les régissent, et que la lente révolution des grands dissolvants qu'on nomme le temps, les mœurs, les habitudes, prédestine plus ou moins à subir dans leur régime des abrogations, ou à recevoir des dispositions complémentaires. C'est ainsi que le titre *du divorce* a été retranché du Code Napoléon, que le *droit d'aubaine* n'y est plus une tache, et que différentes parties, soit de ce Code, soit des Codes de procédure civile et de commerce ont dû admettre d'autres modifications. Mais elles ne sont pas telles que la substance et la forme de notre *corps de droit civil* en aient été sensiblement altérées. Les principes dominants, les règles essentielles qui les développent, et presque toutes celles qui servent à les appliquer, sont intacts ou perfectionnés. Des éditions successives conservent à ce recueil de textes savamment ordonnés toute sa grandeur primitive, et toute l'utilité pratique qui lui appartient depuis plus de cinquante ans. Œuvre nationale, empruntée ou imitée au dehors et admirée partout, on peut lui prédire une longue autorité dans l'avenir.

Quoi qu'il arrive encore, un meurtre, un vol, un faux et d'autres infractions répréhensibles à des degrés différents, seront toujours des crimes ou des délits que l'intérêt de la société et la sécurité des personnes et des propriétés commanderont de punir. Les peines, leur sévérité ou leur gradation, les règles de l'information ou du jugement, pourront être, à de rares époques, le sujet de quelques corrections ; mais le Code pénal et le Code d'instruction criminelle n'en auront pas moins une destinée analogue à celle des codifications civiles, quant à la durée de leur puissance. L'abrogation de la *confiscation des biens* et celle de la *mort civile*, dictées par de hautes considérations de justice et d'humanité, ont-elles changé l'économie générale de notre législation répressive ?

Il en est autrement des lois politiques et des lois administratives.

La politique, à l'intérieur comme à l'extérieur, est sujette à des secousses imprévues qui altèrent, et quelquefois bouleversent de fond en comble le droit constitutionnel et le droit international.

L'administration, à son tour, ressent le contre-coup des révolutions, et le droit administratif doit nécessairement être modifié en beaucoup d'endroits, quand les lois constitutionnelles ont éprouvé des atteintes graves.

Il y a, entre ces deux branches de la science, un lien naturel que j'ai caractérisé dans une autre occasion (1). Leurs rapports sont tellement intimes, qu'il est quelquefois difficile de fixer le point où le droit constitutionnel finit et où le droit administratif commence. Le droit constitutionnel est la doctrine culminante, dont le droit administratif est souvent

(1) *Considérations sur l'enseignement du droit administratif.*

le développement et la procédure; celui-là est l'origine, celui-ci la conséquence.

A la mobilité que lui imprime le droit constitutionnel, vient se joindre, pour le droit administratif, celle qui résulte de sa nature propre, et qui est indépendante des ébranlements politiques.

L'administration est un domaine sans cesse fouillé, dans tous les sens, à des profondeurs indéterminées. On y procède souvent par voie d'essai, et, quelquefois, le moment qu'on avait cru le plus propice pour une loi définitive, bien plus, cette loi elle-même, adoptée après de longues expériences et des travaux jugés complets, n'ont été que la veille d'un système opposé, commandé par des faits nouveaux jusqu'alors imprévus.

Des jurisconsultes, recommandés par de savants et judicieux travaux, ont fait, plus d'une fois, les mêmes observations.

Pour le moment, je me bornerai à citer M. Trolley, qui, d'accord avec moi sur les principes essentiels, me refuse néanmoins l'autorité de son patronage quand il s'agit de leurs conséquences.

Voici ses paroles :

« Les *lois civiles* de tous les peuples et de tous les siècles
« reposent sur des bases communes, sur ces grands prin-
« cipes de morale et d'équité qui dominent et régissent la
« famille, la propriété et les conventions. Elles ont donc
« entre elles un rapport nécessaire, une intime affinité, un
« certain air de famille. — Sans doute, comme elles s'assi-
« milent à l'état de la société, elles prennent une couleur
« propre et nationale ; mais à travers la différence des for-
« mules et au fond des textes, le jurisconsulte découvre tou-
« jours *les mêmes règles, le même droit, c'est-à-dire la justice*
« *immuable, universelle*, que la loi humaine sanctionne et
« promulgue. — Le *droit administratif*, au contraire, *n'est*

« *pas préexistant;* il est *arbitraire et positif.* Chargé de
« déterminer les rapports des gouvernants et des gouvernés,
« il se lie aux institutions politiques, *divers, variable et*
« *passager comme elles* (1). »

Les considérations dans lesquelles je suis entré précédemment, ne semblent-elles pas être la déduction et le développement de ce passage?

Et c'est une opinion bien arrêtée que celle de l'auteur,
car il en fait plus loin une sorte de conclusion.

« *En résumé*, dit-il, le droit civil est *préexistant et im-*
« *muable*, au moins en substance; le droit administratif,
« *essentiellement arbitraire et variable* (2). »

Avant d'arriver là, M. Trolley a recherché, dans la comparaison du droit civil et du droit administratif, les causes
d'une infériorité qu'il redoute pour ce dernier, sous le rapport des progrès et de la popularité de la science; il a jeté
un coup d'œil sur ses annales; il a rattaché de nouveau, par
des exemples, à la législation politique, la législation administrative; il a fait voir que celle-ci s'est formée, « succes-
« sivement et par couches, *à travers mille incidents et mille*
« *crises* (3). »

Comment, lorsque la route qu'il s'était tracée semblait
devoir le conduire au but où elle va me conduire moi-même,
M. Trolley est-il cependant arrivé à protéger l'idée d'un Code
administratif officiel?

Deux choses paraissent avoir exercé sur son esprit une
puissante influence.

D'abord, l'évidente utilité de la codification. — Mais est-il
permis d'entreprendre ce travail si le droit administratif est
essentiellement arbitraire, variable et passager?

(1) *Traité de la hiérarchie administrative.* — Préface. — pag. 1 et 2.
(2) *Ibid.*, pag. 12.
(3) *Ibid.*, pag. 6.

Ensuite, la situation relativement moins avancée de cette
science, comparée au droit civil (1); situation qui serait re-
haussée par un Code spécial. — Mais peut-on songer à ce
Code s'il ne doit réunir que des systèmes et des textes
exposés, pour le plus grand nombre, à de fréquentes
mutilations ?

C'est toujours la même question.

Elle sera résolue, du moment où les distinctions qui
viennent d'être posées auront reçu l'appui d'une suite de
faits observés sur différentes parties saillantes de la législation administrative.

Toutes pourraient abondamment en fournir; mais les limites que je suis obligé de donner à ce travail, n'admettent
que des exemples. Je les demanderai, de préférence, à des
époques contemporaines ou voisines, sans exclure cependant
quelques témoignages anciens.

Ce qui rend le droit administratif plus remarquablement
mobile à l'époque où nous vivons qu'à toute autre, ce sont
des choses nouvelles et des inventions qui font surgir, sans
relâche, des nécessités législatives : c'est le progrès partout.

Il ne faudrait pas conclure de là que, le progrès venant à
s'arrêter, ou atteignant les limites que Dieu lui a nécessairement assignées, ce qui ne peut être entrepris maintenant
deviendra possible, lorsque arrivera la situation stationnaire
qui doit succéder à ce mouvement.

Je n'adopte pas une telle idée.

Sur le terrain où se meut l'administration, il y a encore,

(1) Même *préface*, — pag. 1. — Dès les premières lignes, M. Trolley
pose en fait cette situation ; mais *il lui en coûte* de la reconnaître : le professeur s'est identifié à la science qu'il enseigne avec tant de distinction.

j'en suis convaincu, un long avenir ascensionnel. Mais, quoi qu'il advienne, il n'y aura jamais de situation stationnaire. Pourquoi ? Parce que la nature perfectible de l'esprit humain nous porte à chercher toujours ce qui est bien, puis ce qui est mieux. S'il n'y avait plus de progrès possible, il y aurait l'illusion du progrès ; il y aurait encore le goût du changement : les temps ont aussi leurs caprices. Il faut que l'homme marche, soit en avant, soit en arrière ; qu'il découvre la vérité, ou qu'il soit le jouet de l'erreur ; et la loi administrative n'est pas moins obligée de suivre les peuples quand ils descendent que quand ils montent.

Mais faut-il s'arrêter à de semblables hypothèses ? Ne nous transportent-elles pas à des temps trop éloignés pour qu'elles aient ici quelque autorité ? Ce sont les temps passés mais rapprochés du nôtre, c'est le présent et un avenir prochain qui doivent nous éclairer ; et il me semble que si j'interroge principalement le demi-siècle, ou, si l'on veut, le siècle qui finit, afin de pressentir ce que sera celui qui commence, j'aurai circonscrit la question par des limites raisonnables ; car on avouera que si un Code administratif n'est possible que dans cent ans, même dans cinquante, il est inutile d'y travailler aujourd'hui.

Parmi les grandes découvertes modernes, dont les populations ont accepté le bienfait avec enthousiasme, se place, au premier rang, la puissance de la vapeur appliquée aux moyens de communication.

Ne parlons que de la France et bornons-nous aux communications par terre.

Que d'incertitude, de diversité, de contradictions, dans les projets présentés au pouvoir législatif sur les chemins de fer ! Quelle destinée provisoire, pour des dispositions adoptées comme définitives ! Quels démentis donnés par les faits et par des lois postérieures, même par des lois contemporaines, aux prévisions d'un droit positif à peine promulgué !

Dans les commencements, chaque chemin de fer a son Code particulier formulé par une loi et par un cahier des charges qui ne s'appliquent qu'à lui. Plus tard, il devient nécessaire de généraliser, et, pendant plusieurs sessions, les chambres ont à discuter des projets toujours nouveaux. Tantôt le principe de l'exécution par des compagnies concessionnaires est suivi d'une série d'articles qui en sont la conséquence naturelle. Tantôt le principe de l'exécution aux frais de l'Etat l'emporte, et commande des règles de détail toutes différentes. Tantôt on veut que l'un et l'autre système marchent parallèlement, et alors s'élève la question de savoir lequel des deux sera la règle générale et lequel l'exception. Enfin, après plusieurs années de présentations, d'amendements, de retraits, une loi est rendue en 1842 (1). Elle adopte un ensemble de tracés qui couvre et circonscrit le territoire français par de grandes lignes. Comme règle générale, elle veut que l'exécution ait lieu par le concours de l'Etat, des départements traversés, des communes intéressées et de l'industrie privée. Comme exception, elle admet l'exécution de ces lignes, en totalité ou en partie, par l'industrie privée seule, concessionnaire en vertu de lois spéciales.

Eh bien ! à la date même de cette loi, il en est promulgué une autre qui concède à une compagnie l'exécution entière d'une ligne importante (2), et qui, suivie d'une foule

---

(1) En faisant une large part aux *taquineries* parlementaires suscitées, dans cette occasion comme dans beaucoup d'autres, par l'esprit de parti, on conviendra que les difficultés d'une loi générale sur la matière étaient nombreuses et ardues, et que, seules, elles suffisent pour expliquer l'enfantement laborieux et prolongé de la loi du 11 juin 1842.

(2) Chemin de fer de Rouen au Havre. — Loi spéciale du 11 juin 1842.

d'actes législatifs semblables, ouvre à ce moyen d'exécution une porte tellement large, tellement exclusive, que l'exception devient la règle générale, et que l'exécution par l'Etat devient elle-même l'exception, ou plutôt, est transformée en lettre morte dans la loi, celle-ci se trouvant presque entièrement annulée par la pratique administrative.

Dans l'intervalle, on s'aperçoit qu'on a fait fausse route, en imposant aux départements traversés par les voies ferrées, et aux communes intéressées à leur établissement, une part de dépenses à laquelle leurs ressources financières ne sauraient pourvoir. Alors, une loi nouvelle les exonère de ce lourd fardeau, que le système des concessions, constamment suivi, permet d'ailleurs de supprimer (1).

Enfin, la loi de 1842, de plus en plus altérée par des dispositions nouvelles ou par des faits aussi imprévus qu'impératifs, n'est aujourd'hui qu'un document dont la mutilation atteste l'inévitable instabilité des œuvres législatives sur le terrain de l'administration. Elle n'a cependant que dix-huit ans de date.

Je ferai remarquer que cette loi n'a réglé que le matériel, c'est-à-dire les tracés, la construction, l'exploitation et la dépense. Tout ce qui tient à la police est demeuré en dehors de ses dispositions (2). Là encore il y a eu des tâtonnements partiels, suivis aussi d'une loi générale qui a statué, en 1845, sur la conservation des voies ferrées, sur les contraventions commises par les concessionnaires, ainsi que sur les mesures préventives et répressives qui ont pour but de garantir la sûreté de la circulation (3).

Tel est, par aperçu, l'historique de la législation sur les chemins de fer en France, où les premiers essais de

(1) Loi du 19 juillet 1845.
(2) Loi du 11 juin 1842, art. 9.
(3) Loi du 15 juillet 1845.

cette grande invention remontent à peine à trente ans.

Cette législation est-elle du moins fixée ?

Qu'on attende trente ans encore, et peut-être ne sera-t-on pas plus avancé, pour résoudre la question, qu'on ne l'est maintenant. Ne dit-on pas tous les jours à cette occasion, et n'a-t-on pas raison de dire, que ce qui s'est fait n'est rien, en comparaison de ce qui reste à faire ? Les découvertes qui étonnent le monde ont mis sur la voie de beaucoup d'autres qui se révèleront avec le temps, pour commander, par de nouveaux besoins sociaux, de nouvelles dispositions législatives.

Tout cela ne se rapporte, au surplus, qu'à une seule des applications nombreuses de la vapeur.

Sans quitter les moyens de transport, la navigation fluviale et la double navigation maritime (militaire et commerciale) ne doivent-elles pas à la même force motrice des transformations capitales ? Et ce nouvel état de choses, qui a aussi ses chances de perfectionnement, n'est-il pas encore un élément mobile que doit suivre la législation ?

Qui peut aujourd'hui conjecturer, avec quelque certitude, ce que sera dans dix, dans vingt, dans trente ans, cet agent matériel au service de l'industrie manufacturière qui s'en est emparée ? Ce que devra être à son tour le droit administratif sur ce terrain autrement exploité ? Ce qu'il devra être dans une multitude d'autres hypothèses, où le génie inventif de l'homme aura trouvé de nouvelles applications pour la découverte de Fulton ? Qui oserait affirmer que l'agriculture leur sera toujours fermée ?

A côté de la vapeur, plaçons un moment l'électricité transportant la pensée, comme la vapeur transporte les personnes, les choses et les correspondances ordinaires ; avec cette différence que l'une n'a besoin que de quelques secondes là où il faut plusieurs heures à l'autre, et là où il fallait plusieurs jours quand ces deux magnifiques découvertes étaient encore le secret de l'avenir (1). Qui ne voit que la simultanéité de leur action doit ouvrir, sur le sol administratif, une longue période d'institutions, de lois et de règlements nouveaux, d'abord à l'état d'essai, puis fixés avec moins d'incertitude, mais n'atteignant jamais ce caractère de permanence qui est le propre des lois civiles de droit commun ?

Si l'on pressent ce mouvement partout, ce doit être principalement dans l'organisation administrative et dans les circonscriptions, soit administratives, soit judiciaires, soit militaires.

Quand le temps nécessaire pour franchir les distances était plus long, il fallait rapprocher l'autorité de ceux qui avaient besoin de recourir à elle. Quand le pouvoir central trouvait de sérieuses difficultés dans la même cause, soit pour l'exécution de ses actes ou de ses ordres, soit pour le transport de ses armées et du matériel qui leur est indispensable, il fallait multiplier les chefs-lieux d'administration et de concentration. La situation étant telle, l'organisation dispendieuse que nous avons encore en était la conséquence à peu près forcée.

Mais quand le double réseau des voies ferrées et de la télégraphie électrique s'étendra, si ce n'est à chaque commune, du moins à la proximité de toutes ; lorsque les affaires privées, et surtout les affaires commerciales, pourront se traiter personnellement à de longues distances du

(1) Le phénomène naturel de l'électricité maîtrisé par le génie de l'homme tient du prodige, et a, peut-être, un avenir encore plus étendu que la force motrice due à la vapeur. L'humanité en espère un puissant agent médical ; la science y cherche un moyen de dissiper les ténèbres au profit des cités et de la navigation ; l'économie domestique a le pressentiment vague de services qu'elle en recevra ; l'économie politique elle-même s'émeut à la pensée des conquêtes que la fortune sociale devra, quelque jour, à la mise en œuvre d'une telle puissance.

domicile, avec moins de temps et de frais que précédemment à un petit nombre de myriamètres ; lorsqu'en un jour le gouvernement aura la faculté de concentrer des corps d'armée sur la frontière ; que quelques secondes lui suffiront pour faire parvenir ses ordres, et quelques heures pour les voir exécuter, sur tous les points de l'empire, avec ce caractère d'ensemble et d'instantanéité qui décuple la force morale autant que la force matérielle, alors il faudra fermer les yeux à l'évidence, pour ne pas voir l'inutilité d'une foule de rouages que l'administration a été jusqu'à présent obligée de maintenir, et l'insuffisance de plusieurs autres qu'elle devra compléter.

Faites donc un Code administratif, en présence de ces complications et de tant d'hypothèses analogues que préparent des progrès différents !

Le gaz se substitue à d'insuffisants moyens d'éclairage ; il prodigue, à la fois, la lumière et la chaleur. L'acclimatation des fruits et des animaux étrangers accroît nos ressources alimentaires. L'agriculture a aussi ses découvertes, et, quelquefois, elle rajeunit de vieilles idées qu'elle féconde par des procédés nouveaux : le drainage rend la fertilité aux terrains humides ; sur une plus vaste échelle on va dessécher les marais (1) ; la charrue s'apprête à sillonner les plaines que couvrent encore des landes comparativement improductives, en même temps que le reboisement des montagnes rétablira

---

(1) Ce qu'Henri IV avait tenté en 1599, ce que l'assemblée constituante décréta deux siècles plus tard, ce que la loi du 16 septembre 1807 n'a opéré que dans des limites restreintes, touche à des temps plus favorables ; des mesures et des ressources qui doivent assurer le dessèchement partout, et commander le remaniement des dispositions en vigueur sur cette matière sont en ce moment à l'étude législative. — V. *Moniteur* du 21 janvier 1860.

l'équilibre forestier, et, secondé par le gazonnement, préservera nos vallées des inondations, fléau si terrible pendant ces dernières années (1). L'essor est donné, il peut s'étendre à tout, et tout peut s'élever, de l'usage le plus vulgaire, aux plus hautes nécessités politiques. Qui se fût douté, il y a quarante ans, que la *houille* deviendrait un puissant agent de guerre maritime, et qu'avec l'idée d'exporter librement cette substance on s'efforcerait de passionner un grand peuple (2) ?

J'ai dû me borner à quelques exemples, parmi ceux que présentent les conquêtes de l'invention.

En dehors de son domaine, ils ne sont, du reste, ni moins nombreux ni moins concluants, comme on va le voir.

Nul principe n'est plus essentiellement fondamental que le droit de propriété. Il s'efface cependant en présence de l'intérêt général, sous la condition d'une *juste et préalable indemnité* : c'est un autre principe dès longtemps consacré. Mais combien diffèrent l'ancien *retrait d'utilité publique*, et *l'expropriation*, fondée sur la même cause, telle qu'elle a été pratiquée depuis ! Que de variations ensuite, dans les systèmes et dans la procédure !

Le mot *retrait* supposait un droit éminent et direct de propriété réservé au souverain, et l'exercice de ce droit par la reprise du domaine utile au profit de l'Etat. C'était la doctrine de Grotius et de Puffendorf, ou quelque chose comme la suzeraineté et le fief. — Le mot *expropriation*, au con-

(1) V. *Moniteur* du 3 février 1860.
(2) Voir les journaux anglais et les débats du parlement, à la fin de février 1860.

traire, reconnaît la propriété sans réserve, et lui rend hom-
mage, alors que le sacrifice en est ordonné.

Le *retrait* s'opérait par l'autorité des parlements : tout
était judiciaire. — L'*expropriation* s'est opérée, d'abord,
par un acte du gouvernement et par une estimation du conseil de préfecture : tout a été administratif (1); ensuite, par
le gouvernement déclarant l'utilité publique, et par le tribunal de la situation des lieux prononçant l'expropriation et
fixant l'indemnité : la procédure est devenue administrative
et judiciaire tout à la fois (2); enfin, ce caractère mixte s'est
compliqué par l'introduction d'un troisième élément, le jury,
chargé souverainement de l'estimation que le tribunal faisait
auparavant (3).

Voilà, dans l'intervalle de l'ancien régime à la loi de 1841,
quatre systèmes différents en cinquante ans.

Sommes-nous au bout ?

Le premier système est tombé avec l'ancien régime et les
parlements; le second est tombé devant les plaintes des propriétaires qui voyaient avec défiance l'administration, leur
adversaire, décider souverainement les questions qui les in-
téressaient; le troisième a été radicalement modifié dans le
but de fortifier encore les garanties du droit de propriété.
Que sera-t-il du quatrième ? Je ne sais, mais il me semble
que l'administration pourrait se plaindre, à son tour, de ne
point être assez protégée contre les prétentions exagérées
des propriétaires; et, quand je considère la progression de
plus en plus accélérée des travaux d'utilité publique, je demeure convaincu que la loi de 1841 n'est pas l'expression irrévocable du droit sur cette matière, à laquelle le

(1) Lois des 28 pluviôse an VIII et 16 septembre 1807.
(2) Loi du 8 mars 1810, dont les bases furent dictées au palais de
Schoenbrünn, par l'Empereur Napoléon Ier.
(3) Lois des 7 juillet 1833 et 3 mai 1841.

Code administratif devrait nécessairement faire une grande place.

Dans l'exemple que les lois sur l'expropriation viennent de me fournir, on ne cesse de voir la main de l'homme occupée à des travaux aussi divers que nombreux, et qui semblent donner, par leur diversité même, l'explication naturelle de la mobilité du droit qui les gouverne.

Beaucoup d'autres matières, parmi celles qui sont placées sous l'empire de ce droit, ont un caractère analogue, et seraient le sujet d'observations semblables, si je ne devais m'interdire des exemples trop accumulés à un même point de vue.

Mais de ce que le mouvement des choses et la dissemblance des travaux de l'homme expliquent, en partie, la mobilité des lois administratives sur des objets nombreux, on doit se garder de conclure que, sur d'autres où l'on peut faire des observations tout opposées, l'immobilité des choses et l'uniformité des travaux aient dû assurer la fixité de la législation.

Est-il rien de plus matériellement immuable que les mines, qui, dans les entrailles de la terre, sont aujourd'hui ce qu'elles ont toujours été, ce qu'elles seront toujours? Connaît-on des travaux plus uniformes que leur exploitation qui doit, à tout jamais, consister à creuser le sol par des puits ou des galeries, pour en extraire le minerai et le livrer à l'industrie? Il semble qu'une bonne loi, une fois faite pour les régir, devrait avoir la durée de celles qui ont traversé les siècles sans altération.

Voyons ce qu'il en est, et ne craignons pas de remonter sur ce sujet à des époques reculées.

Dans l'origine, les mines, considérées comme un accessoire du sol, par un principe de droit naturel que le droit positif a dû s'approprier plus tard (1), appartenaient aux propriétaires fonciers. Des lois spéciales attribuèrent ensuite à l'Etat une partie des produits et un droit de police, sans altérer la nature de la propriété, la redevance perçue pouvant être considérée, en effet, comme une contribution aux dépenses publiques. L'ancien droit français avait emprunté ces règles au droit romain. Une ordonnance de Charles VI, qui les consacrait (2), eut en outre pour but de protéger les propriétaires contre les seigneurs, lesquels s'obstinaient à voir dans les mines une proie féodale. Louis XI, afin de régulariser l'exploitation et de l'assurer dans les cas où elle serait négligée, institua un grand-maître des mines, chargé de les rechercher et même de les exploiter, mais seulement après avoir mis en demeure de le faire, d'abord, et avant toute personne, le propriétaire foncier ; ensuite, et faute par celui-ci d'user de son droit dans un délai déterminé, le seigneur immédiat ; enfin, à défaut du propriétaire et du seigneur immédiat, le seigneur haut justicier, au refus duquel commençait le droit du grand-maître (3). La redevance due à la couronne continuait d'être perçue. Henri IV en fit l'abandon, en ce qui concernait les mines de fer, de charbon et de quelques autres substances d'un usage général ; il soumit les propriétaires de toute espèce de mines qui voulaient les exploiter à prendre la permission du grand-maître (4). Louis XIV, afin d'empêcher que leur inaction ne préjudiciât à l'Etat et aux besoins du commerce, ouvrit la porte à la spéculation

(1) V. Cod. Napoléon, 552.
(2) De 1413.
(3) Ordonn. de 1471. Elle ne fut enregistrée au parlement de Paris qu'en 1475.
(4) Edit de 1601.

industrielle et voulut que, sur leur refus juridiquement constaté, mais sous la réserve d'une indemnité en leur faveur, l'exploitation fût accordée à d'autres (1).

Au milieu de ces variations et de ces modifications, on voit constamment surnager le droit des propriétaires fonciers. Cependant plusieurs auteurs, combattus sur ce point par un jurisconsulte célèbre (2), mais invoquant à l'appui de leur opinion un édit d'Henri II (3) et d'autres documents, ont soutenu que l'ancienne royauté, dans ses tendances au pouvoir absolu, avait métamorphosé des prérogatives antérieures, de permission et de participation aux produits, en un droit régalien de propriété.

Ces notions historiques montrent que, sous l'ancien régime de la France, la législation des mines a eu des règles très-diverses.

Sous le régime nouveau elle n'a pas moins varié, et ses réformes, plus radicales, se sont accomplies dans un espace de temps beaucoup plus court.

On voit d'abord l'assemblée constituante, dérogeant au principe magistral qui attribue au propriétaire de la surface tout ce qui se trouve au-dessous, séparer le sol supérieur, domaine de la végétation et de l'agriculture, des profondeurs de la terre, domaine des substances minérales ; puis, mettre ces dernières à la disposition de l'état, non pour les posséder et en retirer le profit, mais pour les concéder *temporairement*, sous la réserve, toujours, d'une indemnité en faveur des propriétaires de la superficie, à qui, du reste, un *droit de préférence* est accordé dans tous les cas (4). On voit ensuite le gouvernement impérial, éclairé plus tard par dix-

(1) Ordonn. de 1680.
(2) Merlin. — *Quest. de dr.*, *hoc verb.*, § 1, et *Reppert*, *h. v.*, *pp°*.
(3) De 1548.
(4) Loi des 12-28 juillet 1791.

neuf ans d'expérience, transformer, à l'aide d'une loi nouvelle, les concessions *temporaires* qui avaient empêché l'essor
des grandes exploitations, en concessions *perpétuelles* qui
devaient leur donner la vie ; abolir *le droit de préférence* qui
était pour elles une autre sorte d'entrave ; établir deux rede-
vances au profit de l'Etat ; remplacer, dans divers cas, la
juridiction des tribunaux par celle des conseils de préfecture, et réformer, au moyen de ces dispositions et de beaucoup d'autres, le système précédent, plus profondément que
celui-ci n'avait réformé les systèmes de l'ancien régime (1).
On voit encore, après cette démarcation nettement établie,
entre la propriété superficiaire et la propriété souterraine,
une loi rendue vingt-huit ans plus tard sur l'assèchement
des mines, loi que les funestes effets d'un égoïsme local avaient
rendue nécessaire (2). On voit enfin d'autres substances,
étrangères aux mines proprement dites : le sel marin, le sel
gemme, les puits et les sources d'eau salée, après avoir été
successivement dans l'ancienne France l'objet d'un libre
trafic, d'un impôt, d'un double monopole (celui de la mar-
chandise et celui des consommateurs), redevenir matières
commerciales à la suite de la révolution de 1789, et, depuis
cette époque, subir l'essai de divers régimes et donner lieu
à une grave dissidence entre le conseil d'Etat et la Cour de
cassation, pour être placées, en définitive, sous l'empire
des lois et règlements généraux qui s'appliquent aux mines,
tout en conservant leurs lois spéciales en ce qui touche
l'impôt (3).

On sera forcé d'en convenir, les dispositions qui, tour à
tour, ont régi des éléments aussi invariables, offrent un

(1) Loi du 21 avril 1810.
(2) Loi du 27 avril 1838.
(3) Voir, entre autres, les lois du 21 avril 1810, du 6 avril 1825 et du
17 juin 1840.

tableau non moins inconstant que celles qui ont régi l'expropriation pour cause d'utilité publique, sans cesse appliquée
à des travaux divers et sujets au changement.

C'est qu'à côté de la fixité des mines et des salines, se
trouvent les besoins qu'elles ont à satisfaire : ceux de l'industrie manufacturière, ceux du trafic commercial, ceux des
particuliers, ceux de l'Etat, vaste champ où le mouvement
des choses continue d'expliquer les fluctuations du droit.

Et il en est ainsi de beaucoup d'objets qu'un Code administratif devrait embrasser.

Pour dire, en passant, un mot des impôts, ce Code n'au-
rait-il pas à leur ouvrir une de ses divisions les plus étendues ?

Les impôts sont inévitablement l'aliment et la condition
de l'existence nationale et de l'administration publique.
Mais tout y est essentiellement variable. Tout, hormis un
seul point : c'est qu'on en paiera toujours. Quant à ce qui
concerne leur distribution entre les différentes branches de
la matière imposable, l'assiette, la perception, l'emploi, les
comptes, quelles disparates, quelle mobilité constate leur histoire étroitement liée à celle de l'économie politique, dont
les problèmes offrent quelquefois plus de difficultés et d'importance, au point de vue des intérêts que protège cette
science, qu'au point de vue fiscal ! Témoin les douanes qui,
lorsque l'Assemblée nationale eut à s'en occuper en 1791,
tenaient les esprits divisés entre quatre systèmes : 1° la prohi-
bition absolue pratiquée en Espagne ; 2° la liberté absolue,
préconisée par quelques économistes; 3° la réciprocité sug-
gérée par l'Angleterre qui en eût exclusivement recueilli les
fruits à cette époque ; 4° la protection de l'industrie nationale, par une combinaison graduelle de prohibitions et de
tarifs calculés dans ce but. Ce dernier système, qui avait

,pour lui l'autorité de Colbert et celle de l'expérience, fut adopté par l'Assemblée (1).

On sait à quelle polémique ardente il a donné lieu de nos jours, ayant pour adversaires les propriétaires du midi de la France, que favoriserait le *libre échange* quant à l'exportation de leurs vins, et pour défenseurs les industriels du nord (les filateurs surtout) qu'effraie encore, malgré d'incontestables progrès, l'introduction en franchise des marchandises anglaises.

Question de lieux, question de produits, mais surtout question de temps. Question dans laquelle l'intérêt des consommateurs ne doit pas être oublié.

Je consignais, il y a trois ans, dans le volume que j'ai rappelé à la quatrième page de cet écrit, quelques réflexions dont l'alinéa précédent résume la substance. J'y faisais remarquer que la législation *protectrice* avait été conçue avec l'espoir de faire graduellement progresser nos fabriques, jusqu'au point où elles n'auraient plus à redouter de concurrence étrangère. « En sorte qu'il est vrai de dire, ajoutais-je, que, « si l'on arrive un jour à ce résultat, on l'aura conquis par « les lois qui ont été si souvent attaquées.... Qui oserait « affirmer que ce moment est bien éloigné, quand on voit « les prohibitions remplacées par les taxes, et les taxes à « leur tour modifiées dans le même esprit (2)? »

Je ne prévoyais pas alors qu'un jour je transcrirais ici ce passage, et que, dans le même moment, un pas nouveau,

---

(1) Loi des 2-15 mars 1791 ; loi des 6-22 août suivant; rapport du comité de l'Assemblée nationale du 23 avril précédent.

(2) *Considérations sur l'enseignement du droit administratif*, — pag. 167 à 169. — « *Le libre échange* est le but (a dit depuis M. le comte « de Morny), mais *la protection* doit être le moyen de l'obtenir. » — Discours prononcé à l'ouverture du corps législatif, le 2 mars 1860.

un pas immense, serait fait vers l'affranchissement des entra-
ves douanières (1).

Nouvelle preuve, — et je puise celle-ci dans un fait de
haute initiative, — qu'en administration le mouvement est
de toutes les époques et de tous les sujets.

Les exemples que je viens de passer en revue ont été pris
dans des matières spéciales, et à des aspects différents.
D'autres sujets monographiques se présenteraient à leur
suite et formeraient une ligne prolongée presque à l'infini.
Je me contente de l'avoir ouverte et je m'en tiens là. Mais,
qu'on la suive, qu'on l'épuise même si on a la patience et le
temps de se livrer à ce travail, et je ne crois pas qu'on puisse
trouver, dans le droit administratif, un seul objet qui ne
donne lieu à des observations semblables à celles qui viennent d'être faites.

Maintenant, un exemple encore, — ce sera le dernier. —
Je le prendrai, non plus à des points de vue spéciaux, mais
au point de vue le plus général que puisse offrir l'administration publique.

Je veux parler de l'organisation du pouvoir administratif,
aux trois degrés de sa hiérarchie descendante : l'Etat, le département, la commune.

Quoique réduit aux faits essentiels, cet exemple exigera
des développements plus étendus que les précédents, mais
on le trouvera plus concluant encore.

Toutes les personnes qui connaissent l'histoire savent ce
qu'était la France avant la révolution de 1789, et j'ai à peine
besoin de dire que dans cette monarchie, née à la suite de

(1) Lettre de l'empereur au ministre d'État, du 5 janvier 1860. — Traité
de commerce du 23. — Lois postérieures.

l'occupation romaine et de l'invasion des peuples du nord, l'influence des situations faites aux différentes parties d'un territoire politique successivement agrandi par des successions, des partages, des conquêtes, des traités, des cessions, avait créé une foule de disparates dans l'administration, non-seulement de province à province, mais encore dans leurs subdivisions. Il n'en pouvait être autrement, au milieu des bigarrures que présentaient les pays de droit écrit et les pays de coutumes, les pays d'états et les pays qui n'avaient pas de représentation provinciale, les pays de *franc-alleu* et les pays où régnait la maxime *nulle terre sans seigneur;* les pays qui avaient des libertés, des franchises et des priviléges formulés par des titres, et ceux que les fortunes de la guerre avaient privés d'un droit public local. Aussi les pouvoirs étaient-ils souvent confondus, et plus souvent encore exercés par des fonctionnaires, et régis par des lois ou des usages qui variaient dans chaque lieu. Les conflits, si fréquents entre la couronne, la féodalité, les états généraux et les parlements, qui luttaient pour conserver ou pour s'arroger des droits plus ou moins fondés ou des prérogatives plus ou moins usurpées, n'étaient pas mieux des éléments d'uniformité dans l'administration et dans ses lois particulières, que dans les tribunaux et dans les lois de la juridiction commune ; et ce n'est certainement pas sous l'ancienne monarchie française, même pendant la période d'omnipotence de Richelieu et de Louis XIV, qu'on trouverait des arguments pour répondre à celui que je fonde sur l'impossibilité de promulguer, avec des chances de durée, un Code administratif.

Dans cette longue suite d'époques, la diversité des institutions administratives et le mouvement des lois de l'administration ont été, sinon en totalité, du moins en très-grande partie, la conséquence des vicissitudes de la politique.

Ce sont aussi des faits politiques qui ont produit, de 1789

à 1791, la mémorable réforme au sein de laquelle sont nés les principes de l'indépendance, de la distinction et de la distribution des pouvoirs, de l'uniformité des lois en général, et de l'identité des institutions et des règles de l'administration en particulier.

Bien entendu que, quand je parle d'uniformité et d'identité, j'entends dire seulement que, sur tous les points du territoire français, les lois et les institutions ont été semblables dans les mêmes moments ; mais nullement que les unes et les autres n'ont éprouvé aucune altération à mesure que le temps poursuivait sa marche. Loin de là, l'organisation administrative n'a jamais été plus fréquemment remuée que dans les trois quarts de siècle qui viennent de s'écouler. Elle l'a été à chaque révolution nouvelle et à chaque coup d'état; et le droit administratif alors a subi les conséquences de son intime union au droit constitutionnel. Elle l'a été dans des temps plus paisibles, en vue d'améliorations qui étaient ou que l'on croyait indiquées par l'expérience ; et le droit administratif alors a obéi aux impulsions de la nature mobile qui lui est propre et dont les preuves continuent de s'accumuler ici.

Donnons quelques instants à l'observation de ces variations jusqu'à nos jours. C'est une nouvelle époque qui diffère essentiellement des précédentes par les systèmes qui l'ont dominée tour à tour.

L'Assemblée nationale vient de substituer aux anciennes circonscriptions de territoire des circonscriptions nouvelles : la France est divisée en départements, les départements en districts, les districts en communes (1). Le canton, autre

(1) Loi des 22 décembre 1789 — janvier 1790; loi des 26 février-4 mars 1790; constitution des 3-14 septembre 1791.

fraction, est un arrondissement purement judiciaire (1). Sur cette base est édifié un gouvernement monarchique représentatif, dans lequel la proposition et l'adoption des lois appartiennent à une assemblée unique, et où le Roi, revêtu du pouvoir exécutif, est à la tête de l'administration (2).

Mais, si le principe de *l'unité* semble être la loi constitutive de l'administration centrale, on cesse d'en retrouver l'apparence dans les départements et dans les districts. L'action administrative, en effet, y devient *collective* ou *délibérante* ; l'administration, dans le département, se compose de trente-six membres et d'un procureur général syndic élus par les citoyens ; huit des trente-six membres forment un *directoire* qui administre, mais qui, à raison de sa composition, ne peut rien arrêter qu'à la majorité des voix ; les vingt-quatre autres membres forment un *conseil* ; le directoire rend compte de sa gestion au conseil et délibère avec lui. Pour le district, hiérarchiquement subordonné à l'administration de département, c'est la même chose, sauf le nombre des fonctionnaires : quatre au directoire, huit au conseil, un procureur syndic (3).

Cependant, le département n'a point hérité de la *personnalité* des anciennes provinces ; il n'a ni biens, ni revenus, ni dépenses ; ses administrateurs n'ont aucun caractère de représentation locale (4) ; *l'Etat est un ;* ses divisions territoriales *ne sont que des sections d'un même tout,* et il n'y a pas deux administrations (5).

Quant aux communes, ce sont des règles différentes. La commune a des biens, des charges, et ce caractère d'indivi-

---

(1) Loi des 16-24 août 1790; constit. de 1791.
(2) Constit. de 1791.
(3) Loi des 22 décembre 1789 — janvier 1790; const. de 1791.
(4) Const. de 1791.
(5) Instruction de l'assemblée nationale du 8 janvier 1790.

dualité distincte de l'Etat, qui est refusé aux départements et aux districts. Son administration, qui doit gérer des intérêts propres, mais qui doit aussi prendre part à la gestion des intérêts généraux, est confiée à un *corps municipal*, formé toujours par l'élection, et composé de membres proportionnés en nombre à la population. Un maire le préside; un procureur de la commune est placé auprès de ce corps, lequel se divise en *bureau* et en *conseil*. Le bureau est composé du tiers des officiers municipaux y compris le maire; les deux autres tiers forment le conseil. Outre le bureau et le conseil, il y a un *conseil général de la commune*, formé par la réunion de ces deux sections à des notables élus en nombre double de celui du corps municipal. L'institution d'un maire paraîtrait indiquer que, pour la commune, on est revenu au principe de *l'unité administrative;* mais, en réalité, le maire n'est que le président du bureau et du conseil : c'est le bureau qui administre ; le maire n'a seul cette attribution que dans de très-petites communes. Les municipalités sont, du reste, hiérarchiquement subordonnées aux administrations de district et de département, comme celles-ci le sont au Roi (1).

Cette organisation, qui, au-dessus des trois degrés inférieurs, place le Roi, qualifié par la loi constitutionnelle *chef suprême de l'administration générale*, ne lui donnait cependant, en 1790, qu'une autorité très-affaiblie sur les institutions subordonnées. L'année suivante on voulut la fortifier (2). Remède insuffisant et tardif, qui n'empêcha pas le trône de s'écrouler, et avec lui le système administratif que l'on vient d'entrevoir.

(1) Loi du 14 décembre 1789. Instruction de l'Assemblée nationale sur cette loi, à la même date.

(2) Loi des 15-27 mars 1791. Constit. de 1791.

Une république a succédé à l'antique monarchie française et au gouvernement représentatif de 1791.

La Convention nationale remplace, par une nouvelle loi politique, celle qui vient de tomber (1).

Parlerai-je de cette constitution, qui n'instituait un corps législatif que pour lui donner seulement la proposition des lois; qui attribuait, à leur sujet, le dernier mot de la puissance aux assemblées primaires; et qui énervait, à tous ses degrés, l'action administrative, en plaçant, plus largement encore que ne l'avait fait la constitution de 1791, le principe de la délibération dans la gestion directe (2), principe qui est de l'essence des conseils où il produit la lumière, mais qui entrave ou retarde les affaires quand il est question d'agir? Ferai-je l'histoire de l'administration sous le *gouvernement révolutionnaire*, telle que la pratiqua la Convention nationale, après avoir suspendu la mise en œuvre de sa première élucubration constitutionnelle, en s'attribuant, par la concentration de tous les pouvoirs, un despotisme que la minorité de ses membres ne tarda pas à subir (3)?

A quoi bon? La thèse que je soutiens, comme celle que je combats, ne sauraient emprunter des arguments à ces temps de subversion et de violence. C'est à la France régulièrement gouvernée et administrée qu'il faut les demander.

Je franchis donc ce régime, auquel l'histoire a donné un nom sinistre, pour reprendre mon sujet au moment où la Convention, délivrée de la tyrannie qui, de son sein, pesait

(1) Constit. du 24 juin 1793.
(2) Elle instituait, notamment, un conseil exécutif composé de vingt-quatre membres, chargé de la direction et de la surveillance de l'administration générale.
(3) Décret du 19 vendémiaire an II (10 octobre 1793).

sur elle comme sur le pays entier, va clore sa longue
dictature.

Il faut une constitution. Celle de 1793, qui n'a point
encore reçu d'exécution, n'est que suspendue ; cependant
la Convention nationale, qui la fit, l'écarte pour jamais.
Loin d'en perpétuer l'esprit quant à l'organisation législative,
elle étudie la pondération des pouvoirs et fonde sur cette
théorie, repoussée en 1791 et en 1793, l'institution du conseil des cinq-cents et du conseil des anciens. Mais, pour
l'exécution des lois et pour l'administration à ses degrés
divers, elle maintient le principe de l'organisation collective,
d'abord, en instituant un directoire exécutif composé de
cinq membres au faîte de la hiérarchie nouvelle ; ensuite,
en créant, avec le même caractère, des administrations
inférieures, tout autrement organisées cependant que les
précédentes (1).

Continuant de borner mes aperçus aux variations de
l'organisation administrative, le peu que je viens de dire
suffit pour ce qui concerne l'administration générale et centrale.

Mais je dois traiter moins légèrement les administrations
subordonnées.

Nous les trouvons appropriées, dans la nouvelle loi politique, à des divisions territoriales qu'elle a modifiées sur
deux points : le district est supprimé ; la circonscription du
canton, judiciaire jusqu'alors, devient en même temps administrative.

Dans chaque département, il y a une administration com-
posée de cinq membres, et portant le titre d'*administration
centrale du département.*

(1) Constit. du 5 fructidor an III (22 août 1795).

Dans chaque canton, il y a une *administration municipale ;* dans chaque commune un *agent municipal.* La réunion des agents municipaux forme la municipalité du canton, que préside un fonctionnaire choisi parmi les habitants des communes qu'il renferme. Cette organisation se complique dans les communes populeuses, auxquelles la loi donne plusieurs agents municipaux, et dans les grandes villes, qu'elle dote de plusieurs administrations municipales, en observant, pour ces deux cas, des règles basées sur l'accroissement proportionnel de la population.

Pour le département, le canton et la commune, le principe électif est maintenu et appliqué à toutes les fonctions administratives. Mais les conseils placés jusqu'alors auprès de chaque centre de gestion sont supprimés. Au surplus, l'administration directe continue d'être exposée partout aux inconvénients de la délibération dans l'action.

Tel est, quant au sujet actuel, le résumé de la plus volumineuse constitution qu'ait eue notre pays (1). Elle a vécu quatre ans.

Celle qui la suit en est séparée par la révolution du 18 brumaire an VIII, par la contradiction des principes et par la différence radicale des institutions. Une seule idée, l'idée pondératrice, leur est commune dans l'organisation du pouvoir législatif, auquel la dernière associe le Gouvernement, le Tribunat, le Corps législatif et le Sénat conservateur (2).

En attribuant le gouvernement à trois fonctionnaires, cette constitution le place, en réalité, dans les mains d'un seul, puisque tous les actes d'exécution et d'administration appartiennent au Premier Consul, les uns exclusivement, les

(1) La constitution de l'an III n'a pas moins de 377 articles.
(2) Constit. du 22 frimaire au VIII (13 décembre 1799).

autres avec l'assistance, il est vrai, de ses deux collègues, mais sans que ces derniers y participent autrement que par *voix consultative*. Le principe de l'*unité* est donc restauré. On ne le trouve nullement affaibli par l'institution du Conseil d'État : ce corps ne doit agir, en effet, que sous la direction des Consuls dans la rédaction des projets de loi et des règlements d'administration publique; il devient un véritable tribunal quand il prononce sur le contentieux, et un organe de tutelle administrative quand il autorise les poursuites dirigées contre les agents du gouvernement.

La constitution de l'an VIII jeta les fondements de l'administration centrale. A l'égard des administrations inférieures, elle ne fit que poser le principe de leur subordination au gouvernement, laissant ainsi leur établissement dans les attributions législatives.

La loi qui devait régler ces objets ne se fit pas attendre : elle parut deux mois après la constitution (1). Ce que je dois y faire remarquer, c'est, d'abord, le retour aux circonscriptions territoriales de 1789 et de 1791, par la suppression des municipalités de canton et par le rétablissement du district sous le titre d'*arrondissement communal*; c'est, ensuite, dans chaque département, l'institution d'un préfet, *seul chargé de l'administration*, d'un conseil de préfecture, d'un conseil général de département, de plusieurs sous-préfets et de plusieurs conseils d'arrondissement (un sous-préfet et un conseil par arrondissement communal); c'est, enfin, dans chaque commune, l'institution d'un maire et d'un conseil municipal. De l'organisation précédente il n'est rien resté : la loi a fait table rase. Comme au centre de l'État, tout est institué dans les départements et les communes, afin qu'il y ait unité de vues et de volonté, pour l'exécution des lois et la gestion des intérêts publics.

(1) Loi du 28 pluviôse an VIII (17 février 1800).

A partir de cet instant, on aperçoit dans l'institution des conseils généraux, principalement appelés à s'occuper d'intérêts locaux, le germe de la *personnalité départementale*, si formellement dénié en 1790. Le département a une représentation; il aura bientôt des propriétés, des revenus, des impôts spéciaux, des routes, des dépenses, des procès, un budget particulier.

Des faits analogues caractériseront aussi la *personnalité communale*, sans la créer cependant, car elle ne fut jamais mise en question.

Mais l'arrondissement n'aura pas la même existence civile, le conseil et le sous-préfet qui lui ont été donnés n'étant que des rouages inférieurs de la double administration départementale.

A ce contraste de principes et d'applications, entre l'organisation administrative de 1799 et celles qui se sont succédé pendant les dix années précédentes, il faut ajouter le droit de nommer. Dans le cours de ces dix années, les citoyens ont élu tous les fonctionnaires, même pour l'administration du département, quoiqu'elle ne fût alors qu'une simple division de l'administration nationale; et maintenant que le département devient, en outre, une personne civile et qu'il a une représentation particulière, c'est le Premier Consul qui nomme les membres du conseil général! Bien plus: il nomme, directement ou par ses délégués, les membres du conseil municipal représentant la commune, individualité distincte de l'Etat dans tous les temps! Le principe électif était partout dans l'organisation administrative; il n'est à présent nulle part! Mais qui s'étonnerait d'un changement aussi complet? Dans les circonstances où le nouveau chef de l'Etat arrivait au pouvoir, il avait besoin d'une centralisation énergique, et la nation française, lassée par une longue période d'agitations, et séduite par la gloire à laquelle l'associait le plus grand capitaine des temps modernes, acceptait avec empressement ces péripéties de la constitution et de l'administration.

Le consulat, décennal en 1799, conféré à vie en 1802, élevé sur le pavois impérial en 1804, ne vit pas abolir la constitution de l'an VIII, à ce troisième échelon de la puissance qu'il contenait en germe.

Des sénatus-consultes organiques suffirent pour accomplir, sans secousses, d'aussi profondes innovations. Les deux principales, le consulat à vie et l'hérédité de la couronne', furent sanctionnées par l'assentiment des populations consultées (1); la loi qui avait fondé le consulat continua d'être en vigueur, quant aux dispositions que les sénatus-consultes n'avaient pas abrogées, et devint ainsi, avec eux, ce qu'on appela plus tard *les constitutions de l'empire*.

A l'époque de l'établissement du consulat à vie, le tribunat s'était vu réduit à la moitié de ses membres, et son organisation avait été changée en même temps que plusieurs de ses attributions (2). Après l'établissement de l'empire, ce rouage législatif fut supprimé (3).

Mais, au milieu d'événements si remarquables dans l'état politique de la France, l'administration proprement dite continua d'être la même à ses divers degrés, du moins quant au système général.

Ce système ne fut pas altéré par le gouvernement de la *restauration* (4).

(1) Sénat.-cons. organiques des 14 thermidor an X et 28 floréal an XII (2 août 1802 et 18 mai 1804).

(2) Sénat.-cons. du 16 thermid. an X (4 août 1802).

(3) Sénat.-const. du 19 août 1807.

(4) Charte const. de 1814.

Il ne dut pas l'être pendant les *cent jours* (1).

Il le fut profondément, au contraire, lorsque la charte constitutionnelle de 1830 eut remplacé celle de 1814. Parmi les objets sur lesquels elle annonçait des lois séparées et prochaines, elle avait mentionné « des institutions muni- « cipales et départementales fondées sur un système élec- « tif(2). » Deux lois rendues, la première l'année suivante, la seconde deux ans plus tard, accomplirent cette pro- messe (3), et furent suivies de deux autres sur les attributions des administrateurs et des conseils institués (4). Cette légis- lation rendit aux électeurs le choix des membres des con- seils généraux, des conseils d'arrondissement et des conseils municipaux. Dans les départements, les préfets, toujours *chargés seuls de l'administration*, furent nommés par le roi comme auparavant, l'administration nationale ayant plus d'importance dans cette circonscription que la gestion des intérêts purement départementaux. Quant aux communes, au sujet desquelles on pouvait argumenter d'une situation nverse, la nomination des maires donna lieu à des débats animés qu'une sorte de transaction termina : le roi et ses délégués conservèrent le droit de nommer, mais leurs choix furent circonscrits par une candidature légale, celle des con- seillers municipaux, issus du système électif.

Une observation commune aux deux gouvernements de 1814 et de 1830, c'est l'amoindrissement du conseil d'État,

---

(1) Acte addit. aux const. de l'empire du 22 avril 1815.
(2) Charte const. du 14 août 1830, art. 69.
(3) Lois des 21 mars 1831 et 22 juin 1833.
(4) Lois des 18 juillet 1837 et 10 mai 1838.

conséquence du principe politique de la responsabilité minis-
térielle (1).

Le système de la monarchie parlementaire succomba en
1848, et fit place à un deuxième essai de démocratie (2).

Dès le début, ce régime emprunte à la monarchie de 1791
son assemblée constituante et son assemblée législative. La
marche qu'il suit et sa décadence font ensuite revivre, dans
de frappantes analogies, le 18 brumaire, la transition du consulat temporaire au consulat à vie, celle de cette magistrature
politique à l'empire, l'assentiment des populations deux fois
demandé sur des mesures constitutionnelles fondamentales,
la forme elle-même des actes qui opérèrent ces derniers
changements, et la gloire des armes qui n'a point fait, cette
fois, la conquête de la position, mais qui n'a pas tardé à la
couronner.

Fidèle à sa nature mobile (qui a dû l'être surtout au
milieu de semblables évènements) l'organisation administrative ne les a pas traversés sans de notables modifications.

Voici les plus saillantes :

Dans la haute sphère du pouvoir, entre l'assemblée législative et le président de la république, chef de l'administration, prenait place un conseil d'État, essentiellement différent
du corps qui, sous ce titre, avait existé précédemment :
rouage pondérateur, impuissant à pondérer ; conseil du
gouvernement, qui n'était pas appelé à le composer mais
qui le subissait ; organe, en matière de règlement d'administration publique, tantôt d'une autorité omnipotente déléguée
par l'assemblée, tantôt d'un simple travail de préparation
délégué par le président ; dépossédé d'abord de la juridic-

----

(1) Voir le discours du garde des sceaux de Serre à la séance de la
chambre des députés, du 27 mai 1819.

(2) Constit. du 4 novembre 1848.

tion contentieuse, par le silence de l'acte constitutionnel (1) ; appelé plus tard à l'exercer par une loi spéciale (2),
cette institution nouvelle a déconcerté, dans le temps, plus
d'une intelligence (3).

Pendant que ceci se passait au centre du gouvernement,
l'administration intérieure voyait supprimer les conseils
d'arrondissement et établir des conseils cantonaux, d'abord,
en principe, par un texte constitutionnel (4), puis dans un
grand projet de loi proposé par un membre de l'Assemblée
législative (5). Ce projet était élaboré au conseil d'État et à
l'assemblée ; il y laissait, dans des rapports étendus, la trace
de savantes recherches sur le droit administratif des communes, des cantons, des départements et des conseils de
préfecture (6). L'organisation à ces degrés différents, le
développement et les applications du principe électoral, les
attributions, la procédure, trouvaient place dans ce vaste
travail, arrêté tout à coup, sur le seuil de la consécration
législative, par la journée du 2 décembre 1851.

A la suite de cette journée, se présentent un plébiscite,
une autre constitution (7), un autre système politique et
une administration autrement ordonnée.

Présidence décennale à la place de la même magistrature
limitée à trois ans ; rétablissement des grands corps de l'État,

---

(1) Const. du 4 novembre 1848.
(2) Loi du 3 mars 1849.
(3) J'ai entendu, à cette époque, des hommes instruits, que l'opinion
démocratique comptait parmi ses adeptes, l'appeler une *énigme*.
(4) Constit. de 1848, art. 77.
(5) Le représentant Raudot.
(6) Les rapporteurs du conseil d'État étaient : MM. Vuitry, Tourangin,
Boulatignier et Vivien ; ceux des commissions de l'assemblée, MM. de Va-
timesnil, Odilon Barrot, de La Boulie et de Larcy.
(7) Plébiscite des 20 et 21 décembre 1851. Constit. du 14 janvier
1852.

tels que l'empire les avait institués : Sénat, Corps législatif, Conseil d'État; rétablissement des conseils d'arrondissement et suppression des conseils cantonaux (c'est le quatrième *va et vient* des deux circonscriptions où ces conseils sont établis); attributions des préfets étendues à de nombreux objets que l'administration centrale s'était jusqu'alors réservés (1) ; nomination des maires et des adjoints par le pouvoir exécutif, avec droit de les prendre hors du conseil municipal (2): voilà, sans entrer dans les détails, un aperçu du mouvement administratif de cette époque de transition.

Une année ne s'est pas écoulée, que la transition est close par le retour de l'empire (3). Les institutions appropriées à ce régime existant déjà, en vertu de la constitution de 1852 et de quelques lois qui l'avaient suivie, l'administration n'a pas subi de changements importants. Il faut cependant noter une loi nouvelle sur l'organisation municipale, abrogeant celle de 1831, mais reproduisant en grande partie ses dispositions (4).

Avais-je raison, lorsque, annonçant que cette revue de l'organisation administrative dépasserait, en étendue, les exemples qui l'ont précédée, j'ajoutais qu'on y trouverait des motifs plus puissants, peut-être, pour repousser la codification ? L'organisation n'est-elle pas la base de l'édifice ? On bâtirait donc sur du sable mouvant, et on le ferait avec des matériaux tout aussi dépourvus de solidité.

Tout cela me semble évident.

Que serait-ce, si je n'avais pas dû renoncer à une foule de

(1) Décret-loi sur la décentralisation, du 25 mars 1852.
(2) Const. de 1852 ; loi du 7 juillet même année.
(3) Sénatus-cons. du 7 novembre 1852; plébiscite des 21 et 22.
(4) Loi du 5 mai 1855.

choses? si j'avais approfondi les différentes situations du conseil d'État, dans l'ordre des époques parcourues? si j'avais parlé des ministres et du ministère? si j'avais exposé les divers systèmes électoraux successivement adoptés? si la police qui, pour maintenir l'ordre public, a pris tant de formes et a été réglementée de tant de façons, avait eu la place que lui assignerait ici son importance dans l'administration? Que serait-ce si j'avais opposé la centralisation du premier empire à celle du second, et l'une et l'autre à celle des temps intermédiaires? Que serait-ce, enfin, si j'ajoutais à la mobilité de l'organisation la mobilité des attributions, champ tellement étendu qu'à lui seul il exigerait un volume, alors que je ne puis dépasser les proportions d'une brochure?

Et qu'on n'attribue pas à l'esprit particulier de la nation française, ou à des événements fortuits dans son histoire, le mouvement perpétuel de ses lois administratives. Cette histoire est celle de l'Europe entière, où le progrès des arts, la nature propre de l'administration et des lois qui la régissent, l'influence irrésistible des révolutions ou de la politique du moment sur la gestion des intérêts publics et sur les institutions qui doivent les sauvegarder, offriraient un tableau constamment analogue et fréquemment identique. Pour en citer une preuve, n'a-t-on pas vu, dans un intervalle de dix-sept ans (de 1831 à 1848), les lois communales de notre vieille Europe remplacées par des lois nouvelles en Angleterre, en Espagne, dans les états de l'Église, en Belgique, en Autriche, en Prusse, et dans plusieurs autres états, provinces ou villes de l'Allemagne (1) ?

(1) On en trouvera l'énumération et les dates dans le rapport présenté par M. Vuitry, au nom du conseil d'État, à l'assemblée nationale, en février 1851, pag. 120 et 121 du n° 1603 (Proposition Randot).

Si l'on voulait embrasser, époque par époque, le droit administratif entier dans ses variations, on pourrait comparer entre eux les ouvrages qui se sont étendus à toutes ses parties.

Il en existe de différentes sortes: Traités généraux, Recueils des lois et Codifications en dehors de la sanction de l'autorité publique, Cours imprimés.

Le plus ancien livre qui s'offrirait pour cette comparaison est le *Traité de la police* (que l'on intitulerait aujourd'hui *Traité des lois administratives*) publié à la fin du règne de Louis XIV par de la Marre, sous le patronage du président de Lamoignon, et continué par le Clerc du Brillet (1). Qu'est-il resté de ce volumineux ouvrage ? « A peine *quelques pages* « bonnes à consulter, » répond M. Trolley (2) ; et le traité n'a pas moins de quatre volumes *in folio!* A la vérité plus de cent cinquante ans se sont écoulés depuis Louis XIV.

Mais, dans la première moitié du siècle actuel, trois codifications ont paru, savoir: 1° le *Code* administratif de Fleurigeon ; c'est un recueil de lois et de décrets, par ordre alphabétique de matières ; il a été imprimé au commencement du premier empire (3) ; 2° les *Institutes du droit administratif français*, que le baron de Gérando livrait au public à la veille de la révolution de 1830, et que connaissent les personnes un peu au courant de cette branche de législation (4) ;

(1) Paris, 1705. — « C'était un véritable *code administratif*, dit de « Gérando (préface de ses Institutes, pag. 10). Cet ouvrage coûta beau- « coup de temps et d'immenses travaux. »

(2) *Hiérarchie administrative*. — Préface, pag. 3.

(3) Paris, 1806, — sept vol. *in* 8°. — L'auteur était chef de bureau au ministère de l'intérieur.

(4) Paris, 1829-1830. — Quatre vol *in*-8°.

3° le *Code administratif* de M. Blanchet, publié dix ans plus tard (1). La science, à l'égard de ces collections de textes, s'est ouvert une carrière dans laquelle l'autorité publique n'a jamais manifesté la pensée de s'engager. La science seule le pouvait sans se faire accuser d'imprévoyance. Mais, si les auteurs ont prouvé qu'il est possible de faire un code administratif, ils ont mieux prouvé encore, qu'une œuvre de ce genre renfermera toujours des éléments d'altérations successives, qni ne tarderont pas à la détruire, sinon dans sa totalité, du moins dans son ensemble, dans une grande partie de ses textes, et dans les prévisions d'utilité pratique et durable qui l'auront fait concevoir. Ce serait un bien long travail que la comparaison, matière par matière et article par article, des trois codifications privées de 1806, de 1829 et de 1839 ; mais je crois pouvoir annoncer qu'aucun homme, versé dans le droit et dans l'administration, ne terminerait une semblable étude sans partager la conviction qui m'a mis la plume à la main.

Un autre travail aussi étendu, et conduisant plus invinciblement encore au même résultat, parce qu'il serait resserré dans un espace de temps beaucoup moins long, c'est la comparaison des cours publiés de 1834 à 1854, par MM. les professeurs Foucart, Laferrière, Cotelle, Macarel et Cabantous ; principalement celle des quatre éditions que chacun des deux premiers a fait paraître, à quelques années de distance les unes des autres, et, pour les trois dernières, avec de très-nombreux changements rendus nécessaires, soit par l'abrogation de lois ou de règlements en vigueur à la date de l'édi-

(1) Paris et Tarbes, 1839. — Un vol. grand *in-8°*. — L'auteur, conseiller de *préfecture* à Tarbes.

tion précédente, soit par la promulgation de nouvelles lois et de nouveaux règlements (1).

Je n'ai pas publié de cours, mais il m'est, je crois, permis de dire qu'à partir de la première année de mon enseignement oral, commencé en 1838, il ne s'en est pas écoulé une seule qui ne m'ait obligé, par les mêmes causes, à refondre des portions plus ou moins considérables de mes canevas antérieurs.

Ainsi donc, soit qu'on interroge les matières que le progrès fait naître et diversifie sans cesse, ou celles qui présentent l'origine la plus ancienne et la nature en apparence la plus stable; soit qu'on étudie les sujets qui ont d'intimes rapports avec le droit constitutionnel, ou ceux qui en sont absolument distincts; soit qu'il s'agisse de spécialités, ou de généralités; soit qu'on lise les lois, soit qu'on parcoure les livres, soit qu'on rapproche les époques, on rencontre partout le même obstacle, et partout il est insurmontable.

Quand des projets surgissent touchant la hiérarchie politique, l'administration ou les lois, des utopistes seuls peuvent rêver *la perpétuité*, tandis que la prévision des hommes raisonnables se borne à l'idée d'une *fixité relative* plus ou moins incertaine. Ces derniers savent qu'il y a des lois de transition; que, pour d'autres, on peut espérer un long avenir et qu'il est utile de les rassembler en un corps de textes; que, pour d'autres enfin, la codification est inadmissible à cause de leur nature variable.

Je le demande une dernière fois, en présence du tableau

(1) Je cite des cours. Le *Traité général de droit administratif*, de M. G. Dufour, qui a eu deux éditions, dont la dernière est de 1854, et le *Traité de la hiérarchie administrative* de M. Trolley, seraient encore de précieux documents pour ce travail comparatif.

qui vient d'être déroulé, est-il assez évident que les lois administratives appartiennent à la dernière de ces catégories ?

J'avoue que je n'ai pas d'autre considération à présenter : sans elle je serais le partisan le plus zélé de la codification.

A son tour, l'opinion opposée n'en invoque pas deux. Tout son système repose sur *l'utilité* d'un code administratif.

L'utilité ! qui la conteste ? Mais, encore une fois, de ce que le projet serait utile, s'ensuit-il qu'il soit praticable, et, s'il ne l'est pas, l'utilité peut-elle aboutir à autre chose qu'à un regret ?

Cette réponse est toujours au bout de ma plume.

Suis-je cependant ici rigoureusement exact, et d'autres moyens ne peuvent-ils soutenir le vœu du conseil général de la Dordogne ?

Je me rappelle, en ce moment, une opinion dont je ne saurais retrouver la source, et qui s'était égarée parmi mes souvenirs.

J'ai entendu prétendre, ou j'ai lu quelque part, qu'on pourrait faire un code administratif *viable*, en le réduisant à des règles pour lesquelles la mobilité n'est pas plus à craindre qu'elle ne l'est pour les lois civiles ; et en abandonnant aux travaux annuels du pouvoir législatif et du pouvoir réglementaire tous les textes qui régissent ce qui est variable. Ainsi, disait-on, les principes de justice souveraine qui ne doivent pas moins diriger le droit administratif que le droit commun ; les principes spéciaux et dominants dont le droit administratif est la déduction ou le développement ; la définition des matières dont le régime peut changer, mais qui elles-mêmes ne changent pas pour cela de nature ; dans un grand nombre d'entre elles, les règles fondamentales à l'abri du mouvement que subissent les détails : tout cela formerait un corps de doctrine, un Code de lois, la lumière enfin.

Un corps de doctrine ? Soit. — Un Code de lois ? Non. — La lumière ? Disons plutôt la confusion.

La doctrine, qu'elle se manifeste dans les livres ou dans l'enseignement, a des allures libres. Si elle veut tout embrasser, elle associe, par ses traités ou par ses leçons, les définitions, l'expression des idées de justice, les principes généraux, les textes de lois, leur raison d'être, la jurisprudence. Si elle se contente de résumer, elle extrait la substance de toutes ces choses, en insistant sur les définitions, sur le lien qui rattache les systèmes à la justice, sur leur philosophie, et en laissant de côté les arrêts et presque tous les textes.

Un Code, tout au contraire, est exclusivement un recueil méthodique de textes ; il n'a de prédilection pour aucun et doit les accepter tous ; il ne définit que quand la définition est commandée par la nécessité de faire comprendre des dispositions littérales, applicables à des hypothèses prévues ; inspiré par la justice, il la montre dans chacun de ses articles, mais ne la cite nulle part (on chercherait inutilement dans nos cinq Codes une formule du *jus suum cuique*) ; sa rédaction n'admet pas non plus des principes généraux, quoiqu'il les applique, et elle n'admettrait pas, dans l'hypothèse actuelle, les principes spéciaux qui dominent le droit administratif, puisque ceux-ci appartiennent au droit politique, l'une des causes les plus essentielles de sa mobilité (1).

Ainsi, la compilation imaginée ne serait pas un Code, et,

---

(1) «. Un code n'est pas un traité, dit de Gérando dans ses Instituts » (avertissement, pag. 6) ; un code administratif ne doit point être une « exposition de doctrine ; il se dénaturerait par le mélange des discus- « sion et des théories ; il doit emprunter la forme de nos autres codes. »

Ioin d'obvier au désordre des dispositions que le droit administratif compte par milliers, elle l'accroîtrait en y jetant
une prétendue loi générale, aussi incomplète que difficile à
concilier avec les textes épars qu'elle n'aurait pas embrassés.

Dans un rapport où mes opinions sur *l'enseignement du
droit administratif* sont traitées avec cet esprit constamment
bienveillant qui inspire la reconnaissance, alors même qu'il
n'a pu tout approuver, un académicien, compétent à plusieurs
titres en ces matières (1), a pensé que j'écartais peut-être le
problème de la codification « avec trop de défiance de la
« sagesse de l'homme et de la nature mobile de l'adminis
« tration. » Il a trouvé préférable la réserve d'un savant
étranger (2) dont le livre, après avoir posé la même question sans la résoudre, s'est borné à insister sur la nécessité
de donner, avant tout, une sévère méthode au droit administratif.

Je ne crois point qu'on doive toujours attendre qu'un
projet soit officiellement à l'ordre du jour pour s'en occuper.
L'éventualité suffit, ce me semble, et autorise des travaux
qui ont la chance d'être utiles quand le moment sera venu.
Du reste, ma dissertation actuelle, beaucoup plus explicite
que les pages que j'avais consacrées au même sujet, et provoquée cette fois par l'opinion d'un conseil général, doit
avoir prouvé que, sans me défier outre mesure de la sagesse
de l'homme, c'est avec raison que je persiste à me défier de

(1) M. Laferrière. — Voir *Séances et travaux de l'académie des sciences morales et politiques.* Tom. XXIV de la 3ᵉ série (44ᵉ de la collection),
pag. 265; avant-dernier alinéa du rapport.

(2) Don Manuel Colmeiro, économiste espagnol, professeur de droit
politique et d'administration à l'université de Madrid, membre correspondant de l'Institut de France.

la mobilité de l'administration. Ma nouvelle publication fera-t-elle la conquête du suffrage que je n'ai pas obtenu sur cet objet spécial? Ce serait un succès que je placerais au premier rang parmi ceux que je puis ambitionner.

J'ai à dire maintenant comment la question est envisagée par Don Manuel Colmeiro (l'auteur dont la réserve a été opposée à l'expression franche de ma conviction).

Je ne puis que résumer son opinion.

Il commence par distinguer deux éléments dans toute législation : l'un fixe et constant, l'autre variable et mobile; l'un correspondant à la bonté absolue, l'autre à la bonté relative spécifiées par d'anciens jurisconsultes. — Il observe que cette doctrine est aussi celle de M. de Savigny, faisant la même distinction sous les titres différents d'élément technique et d'élément politique; donnant pour attribut au premier, la stabilité comme essence, le changement comme exception; embrassant avec le second des lois qui, par cela même qu'elles sont, de soi, variables, se prêtent difficilement à la codification. — Plus le droit est uniforme, continue Don Manuel, plus il est facile de le codifier; et de là vient que, tandis que les lois civiles, fondées sur des rapports, sinon invariables du moins très-permanents, ont été codifiées dans presque toute l'Europe, *les lois administratives*, expression des plus légers accidents de la vie sociale, n'ont encore été systématisées nulle part (1).

Que pourrais-je citer, à l'appui des principes que j'ai invoqués en commençant, qui fût plus positif que cet extrait, dans lequel on les voit enseignés, non-seulement par l'économiste et le professeur espagnol, mais encore par l'illustre patriarche des jurisconsultes allemands de l'école historique?

----

(1) *Derecho administrativo español, por el doctor D. Manuel Colmeiro.* — Madrid, 1850. — Voir l'introduction en tête du premier volume.

Ne dirait-on pas que ce qu'ils ont érigé en doctrine, je me suis attaché à le prouver par des faits ?

M. Colmeiro poursuit, et fait remarquer que *la codification du droit administratif*, composé de préceptes qui sont, les uns d'observation constante et générale, les autres restreints à une époque ou à un lieu, *offrirait de graves inconvénients et des résultats peu importants sous le rapport de la fixité*. Mais , ajoute-t-il , il sera toujours meilleur *pour les administrés*, et plus favorable *à la science elle-même*, de les réduire à une méthode que de les abandonner à *la confusion actuelle* (1).

Si l'auteur se préoccupait exclusivement de la science et de l'enseignement ; si, dans ce double intérêt, il tendait au même but, — sans le dépasser, — que le judicieux de Gérando, appliquant aux lois administratives l'idée systématique de Domat et de Pothier (2), son opinion ne trouverait pas de contradicteur.

Mais il me semble qu'il va trop loin lorsqu'il l'étend à l'intérêt des *administrés*, c'est-à-dire au point de vue *pratique*, car il se place évidemment alors dans l'hypothèse d'un code officiel, et se voit repoussé par le dilemme que voici :

Ou le Code n'embrassera que *des préceptes d'observation constante et générale* : et, dans ce cas, ils se trouveront en si petit nombre et seront si rarement applicables, que les administrés n'en recevront à peu près aucun secours ;

Ou bien le Code embrassera, en outre, des *règles spéciales et inconstantes* : et, dans ce cas, loin d'obvier à *la confusion actuelle*, il l'augmentera pour *les administrés*, lesquels, peu

---

(1) Même introduction.

(2) *Institutes du droit administratif français.* — Avertissement , pag. 2 et 3. — L'auteur, qui venait de consacrer dix ans à cette codification privée, et qu'un semblable travail aurait pu disposer à accueillir avec faveur la pensée d'un code officiel, s'est gardé prudemment de la suggérer.

4

d'années après sa promulgation, n'auront entre leurs mains qu'un guide trompeur, par suite de l'abrogation ou de la modification des textes sur des points nombreux.

Les inconvénients d'une codification légiférée, — absolus, s'il est question de la généralité des lois administratives, — peuvent cependant s'amoindrir si l'application en est restreinte à certaines matières. On a vu publier, en 1827, une grande loi forestière à laquelle le titre de *Code* fut donné (1). On aurait pu le donner aussi au projet de loi, relatif à l'administration intérieure, qui échoua près du port en 1851 (2). Tout le monde comprendra que le remaniement des travaux législatifs de ce genre, s'il venait à être commandé par des nouveautés dans l'administration, ne présenterait pas les mêmes difficultés que la refonte d'un Code général ; indépendamment de ce que les occasions et les nécessités, quant à celui-ci, seraient infiniment plus multipliées. Toutefois, je trouverais le titre de *Code* mal choisi pour de simples démembrements : il ne faut pas atténuer ce qu'il a de grand, appliqué à nos collections officielles de droit civil et de droit criminel.

Ce que je viens de dire m'offre une transition toute naturelle pour arriver à deux objets dont il me reste à parler, et

(1) Observons cependant que le *code forestier* n'est pas une loi exclusivement administrative, et que bon nombre de ses dispositions appartiennent, les unes au droit civil, les autres au droit répressif. Observons encore, à l'égard de toutes, qu'elles s'appliquent à des produits spontanés de la terre que régissent, avant tout, les lois immuables de la nature.

(2) V. ci-dessus pag. 39.

à l'occasion desquels j'ai annoncé que mes idées s'étaient modifiées (1).

Ces deux objets sont la *compétence* et la *procédure* en matière administrative, au double point de vue de la *juridiction volontaire* et de la *juridiction contentieuse*.

A côté de *l'utile* j'entrevois ici le *possible*, condition *sine qua non* de la codification.

Ce qui importe le plus à de simples particuliers, dans la pratique administrative, c'est, d'abord, de savoir à quel organe d'autorité ils doivent s'adresser, pour obtenir une décision, ou pour la faire réformer si elle leur est contraire; c'est, ensuite, de connaître les formes qu'ils doivent observer à cet effet, devant l'administration ou devant la justice administrative.

Extraire des lois existantes et coordonner méthodiquement les cas auxquels s'étend la juridiction de l'administrateur ou du juge administratif, est un travail pour lequel on aura besoin de consulter, outre ces lois qui n'ont pas tout prévu, la jurisprudence du conseil d'Etat qui les a souvent interprétées, et les auteurs qui les ont quelquefois critiquées. Il offrira plus d'une difficulté, mais on ne les trouvera pas insurmontables.

Peut-être va-t-on dire, en m'opposant mon propre langage, que la principale sera d'asseoir ce travail sur une base stable : cette base ne pouvant être, en effet, que l'organisation administrative présente, laquelle ne saurait avoir plus de garanties de permanence que les organisations qui l'ont précédée, s'il faut s'en rapporter aux pages que je viens d'écrire à leur sujet.

(1) V. ci-dessus pag. 4.

Sans rétracter ce qui me paraît évident à l'égard de toutes, voici ce que je puis répondre :

A travers les exemples que j'ai rassemblés, sur la mobilité de l'administration et du droit qui la concerne, on n'a pas cessé de voir en France, pendant l'ancien régime, de même que postérieurement à 1789, une administration centrale et des administrations inférieures. Pour chacune il y a eu aussi des circonscriptions territoriales qni n'ont éprouvé, depuis soixante et dix ans, que de légères oscillations. Le mouvement a été beaucoup plus grand, il est vrai, dans l'institution des fonctionnaires ou des corps prenant part, soit à la gestion, soit au contentieux. Cependant, il y a toujours eu assez d'analogie, quant à la compétence du moins, entre l'administration qui expirait et celle qu'un nouvel ordre de choses appelait à lui succéder, pour que l'héritage de la première fût aisément recueilli par la seconde, et pour que l'analogie des attributions fût généralement comprise.

Ce qui a eu lieu dans des temps d'inexpérience pratique — je parle comparativement — et souvent au milieu de l'agitation des partis, doit-on moins l'espérer maintenant que le sol est plus affermi, et que des essais multipliés, en sens divers, font mieux apprécier les institutions ? Je ne prétends pas dire, tant s'en faut, que les circonscriptions ne seront, quelque jour, ni plus spacieusement ni plus étroitement limitées ; pas davantage que les titres donnés aux administrateurs, aux conseils délibérants et aux tribunaux administratifs, n'éprouveront jamais de changement. Mais, sous des noms différents, on trouvera dans la similitude des fonctions et des règles fondamentales de juridiction, le moyen de rendre facile la persévérante application d'une loi générale sur *la compétence administrative*.

La rédaction d'une loi générale sur *la procédure administrative* rencontrerait-elle plus d'obstacles ?

Je crois qu'elle en rencontrera moins, et que le travail sera plus facile et plus court.

De nouveaux systèmes d'organisation pourraient, en effet, modifier la compétence sans ébranler les formes de procéder.

Rapidité dans la marche, économie dans les frais, cet adage, répété chaque fois qu'il a été question d'établir des règles de procédure nouvelles, doit être absolu sur le champ de l'administration, où il aura d'ailleurs l'avantage de simplifier.

Dans l'ordre de la juridiction volontaire, il y a peu de règles écrites, tout est presque d'usage. Il convient de ne pas laisser cette porte ouverte à l'arbitraire. Les dispositions à consacrer sont, du reste, si simples et si peu nombreuses, que cette portion du travail ne soulèvera pas de bien sérieuses difficultés.

Dans l'ordre de la juridiction contentieuse, il faudra plus de recherches et plus de temps. On voit ici des adversaires en présence et une lutte engagée. Au milieu de ce conflit, les formes doivent être une protection pour le bon droit. Heureusement que les matériaux abondent : il existe des règlements, en tête desquels il faut placer celui qui est observé devant le conseil d'Etat depuis plus d'un demi-siècle; il a été commenté par un membre éminent de ce tribunal administratif suprême (1) ; on pourra consulter encore, sur un grand nombre de points, la jurisprudence du même conseil ; enfin, le Code de procédure civile, appliqué dans les cas où l'on ne trouve pas de règles spéciales, fournira en abondance des principes et des textes que l'on devra mettre en harmonie avec la matière qui les empruntera.

(1) Décret impérial du 2 juillet 1806. — Commentaire de ce décret par M. de Cormenin. V. *Questions de droit administratif*. Tom 1, chap. V.

Je ne sais si je n'ai point à mon tour subi l'influence qu'exerce toujours puissamment l'utilité d'un projet ; mais il me semble que celui-ci, avec la limitation qui vient de lui être donnée, serait d'une exécution praticable.

Le nouveau corps de textes réunissant les deux juridictions administratives, et les deux systèmes de formalités qui doivent leur correspondre, on pourrait lui donner le titre de *Code de la compétence et de la procédure administratives.* Ce Code, divisé en deux parties principales, serait à l'ensemble des lois qui régissent l'administration, ce que le Code de procédure civile est au Code Napoléon, ce que le Code d'instruction criminelle est au Code pénal. S'appliquant à la généralité des matières qu'elles embrassent, quoique restreint à la compétence et à la procédure, on ne saurait le considérer comme un simple démembrement. Il trouverait la justification de ce titre de CODE dans son double but et dans son vaste domaine, et il serait associé aux éléments de gloire de notre époque, comme le furent aux éléments de gloire du commencement de ce siècle les CODES à la suite desquels il viendrait se placer.

Ainsi pourrait être réalisée la dernière partie du vœu exprimé par le conseil général du département de la Dordogne.

Quant à la première, c'est-à-dire la codification *des textes épars* et innombrables de la législation administrative spéciale, dans lesquels *le justiciable est obligé de rechercher péniblement son droit*, une telle entreprise n'aboutirait qu'à un résultat prochainement périssable, monument, non plus de gloire, mais d'imprévoyance.

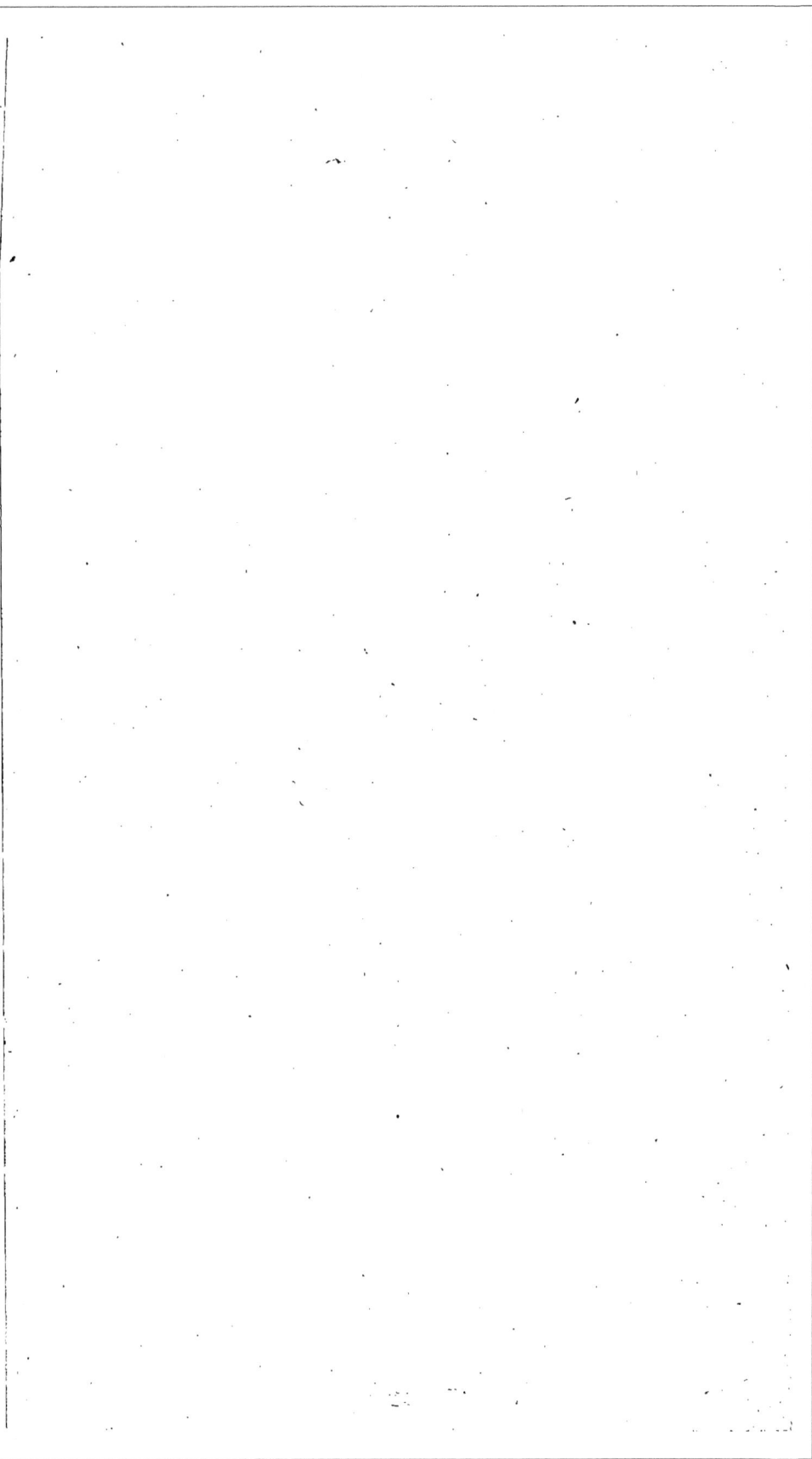

GRENOBLE. — MAISONVILLE ET FILS,

impr.-libr., rue du Quai, 8.

www.ingramcontent.com/pod-product-compliance
Lightning Source LLC
Chambersburg PA
CBHW070814210326
41520CB00011B/1949